Sbrinz
Der Extraharte

Dank

Andrea Fischer und Markus Baumann von der Sbrinz Käse GmbH
haben meine Idee für das Sbrinz-Kochbuch spontan aufgenommen.

Mit dem Foodfotografen Andreas Thumm durfte ich im sonnigen
Verscio tolle Foodfotos machen.

Ein besonderer Dank gebührt den Sbrinz-Käsern für ihr wertvolles
Naturprodukt und selbstverständlich auch den Bäuerinnen
und Bauern, die ihre Kühe mit viel Liebe und Sorgfalt pflegen.

Grazie di cuore da Verscio, Frühling 2013

© 2013 Sbrinz Käse GmbH
Merkurstrasse 2, 6210 Sursee
Telefon +41 (041) 914 60 60, Fax +41 (041) 914 60 61
info@sbrinz.ch, www.sbrinz.ch

© 2013 Fona Verlag AG, 5600 Lenzburg
www.fona.ch

Lektorat
Léonie Schmid

Gestaltung
FonaGrafik, Stefanie von Däniken, Lea Spörri

Bilder
Andreas Thumm, Freiburg i. Br. (Rezeptbilder)
Sbrinz Käse GmbH, Sursee (übrige Bilder)
Bild Seite 13 links: mit freundlicher Genehmigung
ROTH-Stiftung, Burgdorf

Illustrationen
Sbrinz Käse GmbH, Sursee

Text Einführung
auszugsweise Quirinus Reichen, Bern

Druck
Druckerei Uhl, Radolfzell

ISBN 978-3-03780-491-9

Erica Bänziger

Sbrinz

Der Extraharte

FONA

Hauptgerichte

Vorwort

Wie kommt eine gebürtige Appenzellerin mit Wohnsitz im Tessin zum urchigen Innerschweizer Sbrinz? Es sind Kindheitserinnerungen an Ferien auf einem Bauernhof und auf zwei Alpen in der Innerschweiz und die hohe Qualität des Sbrinz AOC.

Ich bin als Auslandschweizerin in Berlin aufgewachsen. Dank der Pro Juventute durften mein Bruder und ich jedes Jahr im Sommer für einige Wochen in die Schweiz fahren. Schon immer hatte ich eine innige Beziehung zu Tieren. Es war deshalb mein grosser Wunsch, die Ferien auf einem Bauernhof zu verbringen. Während der Schulzeit war ich viele Jahre im schönen Grafenort auf dem Altzellerberg bei einer netten Bergbauernfamilie zu Hause. Der Altzellerberg ist ein intakter Fleck urchige Innerschweiz. Da gibt es satte grüne Matten und Weiden mit Kühen, von denen die Milch für den Sbrinz AOC stammt. Der Ort hat für mich auch heute noch eine magische Anziehungskraft. Die ehemalige Säumerroute des Sbrinz führt von Stansstad über Grafenort nach Engelberg. Im Leimi auf dem Altzellerberg lernte ich als Stadtkind sogar Kühe melken. Jedes Jahr galt es wieder Abschied zu nehmen von der liebgewonnenen Heimat. So manche Träne kollerte auf das Sitzpolster in der Engelberger Bahn. Beim Wiedersehen waren es dann Freudentränen. Irgendeinmal wollte ich im Engelberger Tal am Fusse der Walenstöcke leben und arbeiten. Während der Ausbildung zur Ernährungsberaterin in Berlin verbrachte ich jeweils meine Ferien auf zwei Alpen oberhalb von Engelberg. Ich hatte Gelegenheit, das wunderbare Käsehandwerk kennenzulernen. Ich half beim Melken der Kühe und durfte die Milchsäurekultur für den Bergkäse ansetzen. Das war für mich als junge Frau eine grosse

Ehre. Nach der Ausbildung wollte ich in der Schweiz arbeiten. Mein Wunsch ging in Erfüllung. Schon bald hatte ich eine Stelle im geliebten Engelbergertal. Später folgte ein beruflicher Abstecher in das Tessin und dann wieder ein kurzer Aufenthalt in der Innerschweiz. Diesmal wohnte ich sogar neben einer Sbrinz-Käserei. Seit 15 Jahren habe ich nun meinen festen Wohnsitz im Tessin. Damit endet auch meine persönliche Sbrinz-Reise (der alte Säumerpfad des Sbrinz führt vom Engelbergertal nach Domodossola).

Der urchige Sbrinz AOC ist seit Jahren mein Reibkäse. Ich kaufe wenn immer möglich regional ein und Produkte von Tieren, die ein gutes, artgerechtes Leben haben. Beide Kriterien erfüllt der Sbrinz AOC, unser einheimischer Hartkäse.

Ich wünsche mir, dass dieses Buch viele «Sbrinz-Nachahmer» gewinnen kann. Am wichtigsten ist, Konsumenten und Konsumentinnen zu erklären, dass Parmesan 1:1 durch den einheimischen Sbrinz ersetzt werden kann. Das Rezept gelingt mit dem Käse made in Switzerland! Inskünftig gibt es zum Verfeinern von Pasta, Risotti und Gemüse geriebenen Sbrinz AOC. Die Tessiner sind grosse Sbrinz-Fans, die Deutschschweizer werden es auch!

Erica Bänziger
Verscio, Frühling 2013

Einführung

Käse – dem Zufall sei Dank

Vor rund 10 000 Jahren wurde der Mensch
sesshaft und begann Tiere zu domestizieren,
zuerst waren es Ziegen und Schafe, später
Kühe. Die Milch war für die Aufzucht der Tiere
bestimmt, sie war aber auch ein Lebensmittel für den Frischkonsum. Überschüsse
lagerte man in Tonkrügen. Das war bei tiefen
Temperaturen kein Problem, bei höheren
umso mehr. Die Milch wurde sauer und dickte
ein. Was war der Grund? Durch die Erwärmung konnten sich Milchsäurebakterien bilden,
die Milch gerann, die festen Teile klumpten
und dickten ein. Das war die Geburtsstunde des
Sauerkäses. Den Sauerkäse gibt es immer
noch, als weichen Frischkäse und gereift als
halbharten Käse.

Der Labkäse – die meisten traditionellen Käse-
sorten zählen dazu – ist einige Tausend
Jahre später ebenfalls durch einen Zufall ent-
standen. Schafhirten in Mesopotamien –
dem heutigen Irak – sollen ihre Tagesration
Milch in Schafsmägen gefüllt haben. Auch hier
spielte die Erwärmung durch die Sonnen-
einstrahlung eine wichtige Rolle. Dem Käse
«förderlich» war zudem die ständige Bewegung
und nicht zuletzt die im Schafsmagen zurück-
gebliebenen Labreste: Die Milch klumpte und die
festen Teile dickten. Das war die Geburtsstunde des Labkäses.

Zu Zeiten der Römer (8./7. Jh. v. Chr.) konnte sich
der Käse im Mittelmeerraum grossflächig
ansiedeln. Nördlich der Alpen engagierten sich
die Kelten für die Verbreitung des Käses.

Der Käse erobert die Schweiz

Im hohen Mittelalter (12./13. Jahrhundert) setzte
die Besiedlung unserer Alpen ein. Der Platz
wurde bald einmal knapp, sodass die Menschen
im 15. Jahrhundert ins Flachland «abzuwan-
dern» begannen. Die klimatischen Bedingungen
führten zu einer wachsenden Arbeitsteilung:
Im Mittelland wurde Getreide angebaut,
in den Alpen Milchwirtschaft betrieben. Es gibt
Quellen, die bereits im 12. Jahrhundert so-
wohl im Greyerzerland als auch im Gebiet der
Zentralschweiz und im 13. Jahrhundert
auch im Emmental die Herstellung von Käse
erwähnen. Erst im 16./17. Jahrhundert konnte
der harte Labkäse auf der Nordabdachung
der Schweizer Alpen Fuss fassen. Seine
Beschaffenheit (kompakt) und die lange Halt-
barkeit waren ideal für den Transport von
den Sömmerungsalpen in die Sammelstellen in
den Bergdörfern und von dort mit den Saumtieren über die Alpen nach Italien. Letztere
Transportart kennt man besonders vom Sbrinz
AOC und dessen Vorgänger, dem Spalenkäse.

Säumer

Wanderung auf der Sbrinz-Route (www.sbrinzroute.ch)

Die Käselaibe waren damals wesentlich kleiner als heute. Gründe waren die Produktionskapazitäten in den damaligen Kleinbetrieben und die kleinere Milchleistung der Kühe.
Die Milch von 12 bis 20 Kühen reichte für einen Käselaib von 15 kg pro Tag.
Namen haben unsere Käse erst seit dem 17./18. Jahrhundert. Aufgrund von unterschiedlichen Lagermethoden gibt es heute unter anderem den Sbrinz, den Gruyère sowie den Emmentaler.

Sbrinz – auch ein Exportschlager

Der Sbrinz war von allem Anfang an ein bevorzugtes Exportprodukt in den Süden und er ist deshalb anders als der Gruyère und der Emmentaler kleinlaibig geblieben. Nur so konnte das kostbare Lebensmittel in Fässern oder Gestellen den Saumtieren umgehängt werden. Der Sbrinz-Export brachte den Berglern ein bisschen Wohlstand und erlaubte zudem den Import von bescheidenen Mengen Reis und Wein.

Trübsee mit Blick auf Jochpass und Wendestöcke

Sbrinz – wie er zu seinem Namen kam

Für den Käseexport in den Süden mussten
die Pässe Grimsel und Gries traversiert werden.
Brienz war als Sammelstelle und Handels-
platz für den Käse ideal gelegen. Die Käselaibe
aus dem östlichen Berner Oberland, dem
Entlebuch und aus Obwalden wurden per Schiff
angeliefert und in Brienz auf Saumtiere
geladen. Was lag näher, als im Namen «Sbrinz»
den Ortsnamen Brienz zu erkennen? Das
ist die Erklärung für die Bezeichnung, angelehnt
an den Export-Umschlagplatz. 1530 wird
der «Brientzer Käs» erstmals aktenkundig.

Man kann den Namen «Sbrinz» auch sprach-
wissenschaftlich erklären. Er lässt sich
vom lombardischen Dialektwort «Sbrinzo»
ableiten, was wiederum eine Verbindung zu den
südosteuropäischen Wortgruppen «brenza»
oder «brinza» schafft (seit dem 14. Jahrhundert
belegt). Die jüngsten Dokumente enthalten
Quellentexte, die auf die Herstellung von sbrinz-
artigem Käse in den Bergtälern um Domodossola hinweisen und auch eine entsprechende
Bezeichnung (formaggio di sbrinzo) tragen.

Ob damit der Streit um den Ursprung des Namens ausgetragen ist, darf bezweifelt werden. Es ist denkbar, dass sich ein wohl vorhandener italienischer Ausdruck noch so gerne mit einer populären Herkunftsangabe vereinigt hat. Und warum sollten die Bergbauern ob Domodossola nicht ihr Produkt gleich getauft haben wie die längst bekannte Köstlichkeit aus dem Norden...

Sbrinz – vom Berner Oberland über die Alpen in den Süden

Der Güterverkehr über die Pässe Grimsel und Gries war ziemlich liberal organisiert. Es kamen immer wieder Händler aus dem Süden nach Meiringen und Brienz, kauften Käse und Vieh und begleiteten dann die Säumer in den Süden. Es gab zwei Transportsysteme, die «Strackfuhr» und das «Rodwesen». Die Strackfuhr legte möglichst rasch mit der gleichen Ware auf dem gleichen Tier grosse Distanzen zurück, beispielsweise von Meiringen nach Domodossola. Die Bewohner in den Talschaften (Guttanner, Gommer, Pomater) gingen dabei wirtschaftlich leer aus. Anders beim Rodwesen, bei dem von Sust zu Sust Saumtier und Säumer ausgewechselt wurden.

Die langen, einsamen Wegstrecken, die harte Arbeit, die schweren Lasten und das häufig unberechenbare Wetter prägten diese Menschen. Roh, hart und verschlossen müssen die Säumer gewesen sein, aber auch treu und zuverlässig, vertraute man ihnen doch oft wertvolle Ware an. Die heutige Säumerromantik gab es nicht. Nebst Gletscherspalten, Lawinen, Hochwasser und Steinschlag lauerte Gefahr durch Menschen, Konkurrenten und Diebe.

Ob «Rodwesen» oder «Strackfuhr», es galt, die Waren vor dem Übernachten abzuladen, zu lagern und vor Dieben zu schützen. Dafür gab es Susten, die den Reisenden auch primitive Unterkünfte zur Verfügung stellten. Vielerorts wurde ein Wegzoll erhoben. Zwischen Thun und Domodossola gab es ein rundes Dutzend Susten, die auf der Grimsel dürfte die wohl bekannteste gewesen sein. Sie war ursprünglich ein Hospiz der Lazaritermönche von Meiringen und eine Notunterkunft für Reisende. Die Sust enthielt nebst Kammern und Stuben eine Käselaube mit Salztisch und zwei Käsegestellen und einen Käsekeller.

(Mehr Informationen zur Sbrinzroute und zur Säumerei unter www.sbrinzroute.ch).

Sbrinz – die Produktion

Früh am Morgen bringen die Bauern die frisch gemolkene Milch in die Käserei. Sie wird geprüft, gesiebt, gewogen und dann im Kupferkessel mit der Milch vom Vorabend unter Rühren langsam auf 32°C erhitzt.

Der erwärmten Milch werden Lab und Milchsäure-Bakterienkulturen zugegeben. Bei stehendem Rührwerk gerinnt die Milch nach rund 20 Minuten.

Mit den Käseharfen, einem mit Draht bespannten Rührinstrument, wird die geronnene Milch in möglichst gleichmässige Stücke geschnitten; der wässrige Teil (Sirte) wird von der Käsemasse getrennt.

Wiese mit Alpenkräutern

Sbrinzkuh auf der Bleiki-Alp

Käser bei der Milchannahme

Nun tritt das Rührwerk erneut in Aktion, und zwar während etwa 90 Minuten. Die «Käsekörner» werden immer kleiner, am Ende haben sie die Grösse eines Weizenkorns. Um ihnen Wasser zu entziehen, werden sie während des Rührens in der Sirte auf etwa 57 °C erwärmt.

In kleineren Käsereien werden die Käsekörner im Käsetuch aus dem Kessi gehoben. In grossen Käsereien werden die Käsekörner zwei Stunden nach dem Einlaben in Pressformen gepumpt.

Kaseinmarke Sbrinz

Nun bekommt der Sbrinz noch einen «Käse-pass» resp. eine Kaseinmarke: Darauf ersicht-lich sind Käsename (Sbrinz), Produktions-jahr, die Käselaibnummer und die Mulchen-nummer der Käserei. Mit diesen Angaben kann später der Käselaib bis zum Hersteller zurückverfolgt werden.

Das Pressen dauert rund 20 Stunden. Während dieser Zeit werden die Laibe mehrmals gewendet und mit immer mehr Druck gepresst.

Nach dem Pressen werden die Laibe aus der Form genommen und ins Salzbad getaucht. Der Sbrinz gibt an der Oberfläche Flüssigkeit ab und nimmt Salz auf. Die sich bildende Rinde gibt dem Käse Stabilität. Der Sbrinz bleibt nun mindestens 15 Tage im Salzbad.

Der Sbrinz wird nach dem Salzbad mindestens 20 Tage bei 12 bis 18 °C trockengereift und abgeschwitzt. An der Oberfläche bildet sich ein natürlicher Fettfilm. Die Käselaibe werden einmal in der Woche mit einem Lappen abgerieben.

Im Käsekeller wird der Sbrinz bei 9–14 °C bis zur Konsumreife trockengelagert. Eine Besonderheit ist die stehende Lagerung.

Vor der Übergabe an den Händler werden die 4 Monate alten und rund 43 kg schweren Sbrinzlaibe einer genauen Qualitätskontrolle unterzogen. Details zum Einkauf werden der Sortenorganisation mitgeteilt.

Die Ausreifung, Affinage genannt, erfolgt ebenfalls stehend im Lagerkeller der Handelsfirmen. Die relative Luftfeuchtigkeit im Keller liegt bei rund 70 %. Während der langen Reifezeit (24 Monate) verliert der Sbrinz bis zu 6 % von seinem Gewicht (Wasser). Das Eiweiss wird dabei fast vollständig abgebaut. Das Resultat ist ein leicht verdauliches Nahrungsmittel. Der Sbrinz ist laktosefrei und enthält keine Zusatzstoffe.

Sbrinzlaib im Salzbad

Sbrinzlagerung – hochkant

Begehrter Titel AOC

Im Alter von 11 Monaten werden die Käselaibe
durch eine unabhängige AOC-Kommission
klassiert. Sbrinzlaibe mit 18 und mehr
der möglichen 20 Punkte erhalten das Prädikat
«AOC» (= Appellation d'Origine Contrôllée =
geschützte Ursprungsbezeichnung). Der Käse
stammt vornehmlich aus 28 Innerschweizer
Käsereien, darunter 8 Alpbetrieben.
Beim AOC-Sbrinz gilt Qualität vor Quantität.
Verkäst wird nur Milch von Kühen, welche im
Sommer mit Gras und im Winter mit Heu
gefüttert werden. Silo- und Zusatzfutter sind
nicht erlaubt. Für einen 45 kg schweren
Käselaib werden mehr als 600 Liter frische
Rohmilch verarbeitet. Sbrinz AOC-Käse kommt
im Alter von 24 Monaten in den Verkauf,
Hobelkäse / Sbrinz-Hobelrollen mit 20 Monaten.

Sbrinz im Angebot

Sbrinz AOC gibt es in grossen Stücken
(100 g–500 g), in gebrochenen Stückchen (Möckli),
gerollt (Sbrinzrollen) und fein gerieben
(Reibkäse).

Mehr Informationen unter: www.sbrinz.ch

Sbrinz-Hobel für
Sbrinz-Hobelrollen

Sbrinz-Reibe für
feinen Reibkäse

Sbrinz-Stecher für
Sbrinz-Möckli

Aperitif & Vorspeisen

Marroni im Sbrinz-Speck-Mantel →

12 Marroni aus dem Glas
oder vakuumierte Marroni
12 Speckscheiben
12 Sbrinzröllchen
12 Salbeiblätter
Pfeffer aus der Mühle
Olivenöl

1   Speckscheiben auf die Arbeitsfläche legen, Sbrinz-röllchen flach darauf ausbreiten, Marroni darauflegen, einrollen, mit Salbei und Zahnstocher fixieren.

2   Amuse-Bouche auf ein mit Backpapier belegtes Blech legen und im Ofen bei 220 °C etwa 8 Minuten backen, bis der Sbrinz verläuft. Häppchen mit ein wenig Olivenöl beträufeln, damit der Salbei nicht austrocknet. Mit Pfeffer bestreuen.

Tipp Warm oder lauwarm servieren. Noch besser schmecken die Marroni, wenn man sie in der Bratpfanne im Olivenöl brät.

Kräuterkrapfen mit Sbrinz

2½ dl Wasser
½ TL unraffiniertes Meersalz
½ dl Olivenöl
150 g Dinkelruchmehl
3–4 Freilandeier
50 g geriebener Sbrinz
4–5 EL gehackte Kräuter,
z. B. Rosmarin, Thymian und Majoran

Olivenöl, zum Frittieren

1   Wasser, Salz und Olivenöl aufkochen, Mehl im Sturz zugeben, Teig rühren, bis er sich vom Pfannenboden löst. Ein Ei nach dem andern unterrühren. Am Schluss Sbrinz und Kräuter unterrühren.

2   Krapfenteig mit einem Esslöffel portionieren und in dem auf 180 °C erhitzten Olivenöl frittieren.

Tipp Mit einem Schafmilchjoghurtdip servieren, gewürzt mit durchgepresstem Knoblauch, fein geschnittenem Schnittlauch oder fein geriebenem Meerrettich und etwas Salz.

Aperitifstangen mit Bündnerfleischröllchen

Sbrinzstangen
225 g Dinkelruchmehl
1 Prise unraffiniertes Meersalz
100 g kalte Butterstückchen
100 g geriebener Sbrinz
2 Eigelbe
2 EL Sesam- oder Mohn- oder Kümmelsamen

Bündnerfleischröllchen
100 g fein geschnittenes Bündnerfleisch
100 g Kuh-, Schaf- oder Ziegenmilchfrischkäse
2 EL geriebene Hasel- oder Baumnüsse
1 Bund Schnittlauch, fein geschnitten
Pfeffer aus der Mühle
1 Bio-Zitrone, wenig abgeriebene Schale
Kräutersalz
2 EL Olivenöl oder Nussöl

1   Für die Sbrinzstangen Mehl und Salz mischen, Butterstückchen und Sbrinz zugeben, mit dem Cutter zu einem Teig zusammenfügen. 30 Minuten zugedeckt ruhen lassen. Teig auf leicht bemehlter Arbeitsfläche 5 mm dick ausrollen und 5 mm breite und etwa 7 cm lange Stäbchen schneiden. Auf ein mit Backpapier belegtes Blech legen. Mit Eigelb bestreichen und mit Sesam bestreuen. Im vorgeheizten Ofen bei 200 °C 8 bis 10 Minuten backen.

2   Für die Bündnerfleischröllchen alle Zutaten zu einer glatten Masse rühren, Würstchen formen und diese in das Bündnerfleisch einwickeln, kühl stellen. Nach Belieben in mundgerechte Stücke schneiden.

Kürbis-Sbrinz-Chips →

½ kleiner Kürbis, z. B. Butternut
Kräutersalz
2–3 EL Olivenöl
3–4 EL geriebener Sbrinz

1   Backofen auf 230 °C vorheizen.

2   Kürbis mit dem Sparschäler schälen, je nach Grösse längs halbieren oder vierteln und quer in 5 mm dicke Scheiben schneiden. Auf ein mit Backpapier belegtes Blech legen, mit Kräutersalz und Olivenöl würzen.

3   Kürbischips in der Mitte in den Ofen schieben und bei 230 °C 15 Minuten oder länger backen, bis sie leicht knusprig sind. Herausnehmen und mit Sbrinz bestreuen. Kurz überbacken.

Tipp Warm zum Aperitif servieren.

Mediterranes Sandwich

2 Ciabatte oder Brötchen

Olivenöl
1 kleine Aubergine
1 kleiner Zucchino
1 kleine weisse oder rote Zwiebel
6 Cherrytomaten
Pfeffer aus der Mühle
unraffiniertes Meersalz
6 Basilikumblättchen
Sbrinz zum Hobeln
Olivenöl

1   Aubergine und Zucchino beidseitig kappen, in Streifen hobeln, Zwiebel in Streifen schneiden, alles auf einer Grillplatte oder in einer Pfanne unter Zugabe von wenig Öl grillen, würzen. Tomaten halbieren und im Olivenöl kurz dünsten.

2   Gemüse und Cherrytomaten lauwarm in die Ciabatte füllen, mit grob geschnittenem Basilikum und gehobeltem Sbrinz bestreuen, mit Olivenöl beträufeln. Mit Salz und Pfeffer abschmecken.

Variante Ciabatte vor dem Füllen kurz im Ofen rösten.

Erdbeeren mit Sbrinz und Balsamico →

250 g Erdbeeren
100–120 g Sbrinz am Stück
Pfeffer aus der Mühle
gereifter (dickflüssiger) Balsamico

Erdbeeren je nach Grösse halbieren oder vierteln. Erdbeeren mit in Stückchen gebrochenem Sbrinz auf einer Platte anrichten, mit Balsamico beträufeln und mit Pfeffer abrunden.

Tipp Zum Aperitif mit einem Rosé oder einem Schaumwein geniessen.

Olivencake

für eine Cakeform von 25 cm Länge
oder 2 Formen von 15 cm Länge

350 g Dinkelruchmehl
1 Briefchen Trockenhefe
½ TL unraffiniertes Meersalz
2 EL Olivenöl
120 g geriebener Sbrinz
2 dl lauwarmes Wasser
2 Freilandeier, verquirlt
100 g Rohschinken, gewürfelt
60 g entsteinte schwarze Oliven,
gehackt
2 TL fein gehackter Thymian
einige Umdrehungen Pfeffer

1   Mehl, Trockenhefe, Salz, Olivenöl und die Hälfte des Sbrinz in einer Teigschüssel mischen, nach und nach das lauwarme Wasser zugeben, am besten in der Küchenmaschine zu einem Teig verarbeiten. Restlichen Sbrinz, Eier, Rohschinken, Oliven und Thymian unterrühren, würzen. Teig 10 Minuten kneten. Dann bei Zimmertemperatur zugedeckt 1 Stunde gehen lassen.

2   Backofen auf 200 °C vorheizen.

3   Teig nochmals kneten. In die mit Butter eingefettete Form füllen. Olivencake auf der zweituntersten Schiene in den Ofen schieben und bei 200 °C 25 bis 35 Minuten backen.

Tipp Mit der Sbrinzbutter, Seite 34, servieren. Gut dazu passt auch eine Sauce aus Dörrtomaten, Olivenöl und Basilikum.

Sbrinz-Frischkäse-Kugeln

für 12 bis 14 Kugeln

60 g geriebener Sbrinz
200 g Frischkäse aus Ziegen-,
Kuh- oder Schafmilch
2 EL fein geschnittener Schnittlauch
oder Basilikum, je nach Saison
2 EL Olivenöl oder Haselnussöl
1–2 Knoblauchzehen, durchgepresst
1 Bio-Zitrone, abgeriebene Schale,
nach Belieben

Pfeffer aus der Mühle

Alle Zutaten mischen und aus der Masse kleine Kugeln/ Bällchen formen; das geht am einfachsten mit einem kleinen Glacelöffel. Mit Pfeffer würzen.

Tipp Als Antipasti mit gerösteten Baguettescheiben servieren.

Variante Die Sbrinz-Frischkäse-Masse zum Füllen von Bündnerfleisch, Zucchini und Auberginen verwenden. Von den Zucchini und Auberginen mit dem Sparschäler feine Streifen abziehen und im Olivenöl kurz dünsten. Auskühlen lassen. Masse mit der Käsemasse bestreichen und aufrollen. Nach Belieben mit Zitronenöl beträufeln.

Sbrinz-Spiesschen mit Dörrpflaumendip →

1 Portion Sbrinzmöckli
1 kleine Birne oder 1 kleiner Apfel oder
blaue Traubenbeeren, je nach Saison
50 g Rohschinken oder Bündnerfleisch
Pfeffer aus der Mühle
wenig Olivenöl

Dörrpflaumendip
15 entsteinte Dörrpflaumen
1 ½ dl Rotwein

1 Für den Früchtedip Pflaumen im Rotwein etwa 20 Minuten köcheln, dann auskühlen lassen, fein mixen.

2 Birne und / oder Apfel vierteln und entkernen, Viertel in kleine Würfel schneiden, in Zitronenwasser legen.

3 Sbrinzmöckli und Birnen- / Apfelwürfelchen auf Holzstäbchen stecken, mit wenig gerolltem Rohschinken oder Bündnerfleisch abschliessen. Auf eine Platte legen, mit Pfeffer würzen und mit Olivenöl beträufeln.

Variante Spiesschen mit Kastanien- oder Waldhonig oder Balsamico beträufeln.

Crostini mit Käse-Kresse-Creme

1 halbe Baguette

100 g Kuhmilch-Ricotta aus der Käserei,
evtl. aus Schafmilch
100 g Kuh- oder Ziegenfrischkäse
wenig frisch geriebener Meerrettich,
nach Belieben
1 EL Olivenöl
3–4 EL geriebener Sbrinz
1 Karton Kresse
Pfeffer aus der Mühle
unraffiniertes Meersalz

1 Baguette in Scheiben schneiden und im Ofen rösten.

2 Eine Handvoll Kresse für die Garnitur zurückbehalten, Rest hacken.

3 Käsecreme zubereiten, würzen. Geröstetes Brot damit bestreichen. Mit Kresse garnieren.

Dörrtomaten-Basilikum-Cake

**für eine Cakeform von 25 cm oder
2 kleine Formen von 15 cm Länge**

200 g Dinkelweissmehl
1 Briefchen phosphatfreies Backpulver
100 g geriebener Sbrinz
3 Freilandeier, verquirlt
1 EL Olivenöl
1 EL Milch
200 g Dörrtomaten, klein gewürfelt
2 Handvoll frischer Basilikum,
Blättchen abgezupft und fein geschnitten
evtl. 50 g entsteinte schwarze Oliven oder
Kapern
unraffiniertes Meersalz
Pfeffer aus der Mühle

Sbrinzbutter
100 g weiche Butter
4 EL geriebener Sbrinz
2 TL fein gehackte Petersilie oder
fein geschnittenes Basilikum
Kräutermeersalz
Pfeffer aus der Mühle

1   Butter, Sbrinz und Kräuter mit dem Handmixer aufschlagen, würzen und in Schälchen füllen.

2   Backofen auf 180 °C vorheizen.

3   Mehl, Backpulver und Sbrinz mischen, Eier, Öl und Milch unterrühren. Dörrtomaten und Basilikum unterrühren, mit Salz und Pfeffer würzen. Masse in die mit Butter eingefettete Form füllen.

4   Cakeform in der Mitte in den Backofen schieben, Dörrtomaten-Basilikum-Cake bei 180 °C etwa 45 Minuten backen. Nadelprobe machen.

Tipp Cake in 2 kleinen Formen backen, einen Cake tiefkühlen.

Sbrinzbutter für den Vorrat Aus der Butter Rollen formen und diese tiefkühlen. Die Butter schmeckt auch einfach zu frischem Brot, bestreut mit Schnittlauch.

Ricotta-Kräuter-Küchlein

für 6 Portionenförmchen

1 rechteckig ausgerollter Blätterteig

Füllung
250 g Ricotta
2 Freilandeier
60 g geriebener Sbrinz
Thymian, Majoran und Rosmarin,
fein gehackt
evtl. 2 Salbeiblätter, fein geschnitten
Kräutersalz
Pfeffer aus der Mühle

1–2 EL Pinienkerne, zum Bestreuen

1 Aus dem Blätterteig 6 Rondellen ausstechen und in die Förmchen legen, einige Male mit der Gabel einstechen.

2 Backofen auf 220 °C vorheizen.

3 Zutaten für die Füllung gut verrühren, mit Kräutersalz und Pfeffer abschmecken, in die Förmchen füllen. Pinienkerne darüberstreuen.

4 Ricotta-Kräuter-Küchlein auf der zweituntersten Schiene in den Ofen schieben, bei 220 °C etwa 25 Minuten backen. Nadelprobe machen.

Tipp Küchlein mit einem Salat als Mahlzeit servieren.

Bruschetta mit gebackenen Cherrytomaten

½ Baguette, längs halbiert

2 EL Olivenöl
20 reife Cherrytomaten
1 Knoblauchzehe, nach Belieben
2 Basilikumzweiglein
Kräutermeersalz
fein gehobelter Sbrinz

1   Baguette im Backofen bei 220 °C rösten.

2   Cherrytomaten im Ofen bei 230 °C kurz backen, bis sie weich sind. Auf die Baguettehälften verteilen und zerdrücken. Mit durchgepresstem Knoblauch, fein geschnittenem Basilikum und Kräutersalz würzen, Sbrinz darüberstreuen.

Bruschetta mit Peperoni   →

½ Baguette

2 rote Peperoni
1 gelbe Peperoni
1 Knoblauchzehe
Fleur de Sel
3–4 EL Olivenöl
1 Handvoll Basilikumblätter
fein gehobelter Sbrinz
Pfeffer aus der Mühle

1   Peperoni auf ein mit Backpapier belegtes Blech legen und im Ofen bei 230 °C 20 bis 30 Minuten backen, bis die Haut dunkel ist. Unter einem Küchentuch abkühlen lassen. Peperoni schälen und halbieren, Stielansatz und Kerne entfernen, Hälften in Streifen schneiden. Mit durchgepresstem Knoblauch, Salz und Olivenöl würzen.

2   Baguette einmal quer und einmal längs halbieren. Im Backofen bei 250 °C rösten.

3   Peperoni auf die Baguettescheiben verteilen. Fein geschnittenes Basilikum und Sbrinz darauf verteilen. Mit Pfeffer abrunden.

Kräuter und Gemüse im Ausbackteig

Salbei- oder Brennnesselblätter
Zucchiniblüten
Auberginenstäbchen
Blumenkohl- und Brokkoliröschen,
blanchiert

Ausbackteig
4 EL Bier
2 Freilandeier
30 g geriebener Sbrinz
50 g Dinkelweissmehl
unraffiniertes Meersalz

Olivenöl oder Haselnussöl,
zum Ausbacken

1 Zutaten für den Ausbackteig glatt rühren, mit Salz würzen. 15 Minuten stehen lassen.

2 Blätter, Blüten oder Gemüse durch den Teig ziehen und in einer Bratpfanne im Öl ausbacken. Mit Salz bestreuen. Sofort servieren.

Salate & Suppen

Bunter Herbstsalat mit Baumnüssen

junger Blattsalat oder Endivie
Cicorino rosso
50 g Baumnüsse
2 EL Sojasauce
1 Apfel
Haselnussöl oder Olivenöl, zum Braten
100 g Marroni, aus dem Glas
fein gehackter Thymian
50 g Sbrinzröllchen oder
gehobelter Sbrinz

Sauce
¼–½ Zitrone, Saft
½ TL Senf
2 EL Haselnussöl
1 EL Olivenöl oder Rapsöl
1 EL Rotweinessig oder Balsamico
Pfeffer aus der Mühle
Kräutermeersalz

1   Blattsalat und Cicorino rosso in mundgerechte Stücke zupfen.

2   Baumnüsse in einer Pfanne ohne Fett rösten, sobald die Nüsse duften mit der Sojasauce ablöschen, von der Wärmequelle nehmen. Marroni in wenig Haselnussöl kurz braten, mit Thymian und Kräutersalz würzen.

3   Salat mit der Sauce mischen, anrichten, Nüsse darüberstreuen. Apfel vierteln, entkernen und in Schnitze schneiden, mit den warmen Marroni auf dem Salat verteilen. Sbrinzröllchen dazulegen oder mit gehobeltem Sbrinz bestreuen, mit einem Hauch Pfeffer abrunden.

Tipp Mit geröstetem Brot servieren.

Marroni Früchte im Glas gibt es im Reformhaus und im Bioladen. Die beim Grossverteiler erhältlichen vakuumierten Marroni eignen sich ebenfalls. Gefrorene Marroni haben zu wenig Geschmack.

Blattsalate mit Avocado und Oliven

1 reife Avocado
1 Handvoll Rucola
1 Handvoll junger Spinat
1 kleiner Cicorino rosso
1 rote Zwiebel, in feinen Ringen
schwarze Oliven
10 Sbrinzröllchen

Sauce
1 EL Balsamico
wenig frisch gepresster Zitronensaft
3 EL Olivenöl oder Haselnussöl
oder Baumnussöl
unraffiniertes Meersalz
Pfeffer aus der Mühle

1   Rucola, Spinat und Cicorino rosso zerpflücken.

2   Salat auf Teller verteilen. Avocado schälen, halbieren und entsteinen, Fruchthälften in Spalten schneiden, auf den Salat legen, Zwiebeln und Oliven darüberstreuen, mit der Sauce beträufeln. Sbrinzröllchen dazulegen.

Fenchelcarpaccio mit Granatapfelkernen

1 grosser oder 2 kleine,
sehr frische Fenchel
½ Zitrone, Saft
unraffiniertes Meersalz
Pfeffer aus der Mühle
2 EL Olivenöl oder Haselnussöl
oder Baumnussöl
geröstete Pinien- oder Cashewkerne
2 EL Granatapfelkerne
60 g gehobelter Sbrinz

Fenchel fein hobeln, auf Teller verteilen. Mit Zitronen-saft, Salz, Pfeffer und Öl beträufeln. Pinien- und Granatapfelkerne darüberstreuen, Sbrinz darüber-hobeln.

Granatapfelkerne Granatapfel aufbrechen, die Kerne direkt in eine Schüssel klopfen. Nicht verwendete Kerne in einem Glas mit Schraubverschluss im Kühl-schrank aufbewahren. Sie passen auch gut in ein Müesli oder zu Blattsalat.

Zucchini-Champignons-Carpaccio

1 kleiner Zucchino
150 g Champignons
wenig weisser Balsamico oder
frisch gepresster Zitronensaft
1 Knoblauchzehe, klein gewürfelt
Fleur de Sel
Pfeffer aus der Mühle
1–2 EL Olivenöl oder Nussöl
oder Rapsöl
2 EL geröstete Pinienkerne
100 g fein geriebener Sbrinz

1   Zucchino beidseitig kappen, auf dem Gemüsehobel fein hobeln. Champignons in Scheiben schneiden.

2   Zucchini- und Champignonscheiben auf Tellern anrichten, mit weissem Balsamico, Knoblauch, Fleur de Sel, Pfeffer und Olivenöl 30 Minuten marinieren.
Fein geriebenen Sbrinz in die Mitte geben, Pinienkerne darüberstreuen.

Scharfe Kürbis-Kartoffel-Suppe

→

1 EL Haselnussöl oder Sesamöl
1 nicht zu grosse Süsskartoffel
oder Kartoffel
1 Stück Kürbis, ca. 250 g, z. B. Butternut
1 Stück Ingwer
½ TL mittelscharfer Curry
evtl. wenig Peperoncino, fein gewürfelt
1 dl Weisswein
5–6 dl Gemüsebrühe
1 dl Rahm oder Kokosmilch

Sprossen, zum Servieren
Zitronenöl, zum Servieren
Sbrinzröllchen

1 Kürbis und Kartoffeln schälen und würfeln.

2 Kürbis und Kartoffeln im Öl andünsten, fein geriebenen Ingwer, Curry und Peperoncino zugeben, mit Weisswein ablöschen und der Gemüsebrühe auffüllen, etwa 20 Minuten köcheln lassen, nach Belieben mit Rahm oder Kokosmilch verfeinern, pürieren und abschmecken.

3 Suppe mit Sprossen, Zitronenöl und Sbrinzröllchen zusammen servieren.

Erbsensuppe mit Minze

1 EL Olivenöl
1 kleine Zwiebel, klein gewürfelt
250 g tiefgekühlte oder frische Erbsen
4 dl Gemüse- oder Hühnerbrühe
½ TL Curry mittelscharf
1 Prise Kreuzkümmelpulver,
nach Belieben
Pfeffer aus der Mühle
Kräutermeersalz
½ dl Rahm
3 EL geriebener Sbrinz
fein geschnittene Minze

Zwiebeln im Öl andünsten, Erbsen mitdünsten, Gemüse-brühe zugeben, würzen, 5 bis 8 Minuten köcheln lassen. Suppe pürieren und durch ein Sieb streichen. Erbsensuppe mit dem Rahm erhitzen. Anrichten. Sbrinz und Minze darüberstreuen.

Variante Geriebenen Sbrinz weglassen und zur Suppe Sbrinzröllchen servieren.

Gerstensuppe mit Käseschnitte

Gerstensuppe
1 EL Olivenöl
1 EL Speckwürfelchen
80 g Rollgerste
1 kleines Stück Stangensellerie,
klein gewürfelt
1 Karotte, in Scheiben
1 kleiner Lauch, in Streifen
1 kleine Kartoffel, geschält,
klein gewürfelt
1 l Gemüse- oder Hühnerbrühe
unraffiniertes Meersalz
Pfeffer aus der Mühle
½ EL gehackte glattblättrige Petersilie
geriebener Sbrinz, zum Bestreuen

Käseschnitte
4 Scheiben Pagnolbrot
1 dl Weisswein
50 g geriebener Sbrinz
1 Eigelb
4 EL Rahm oder Halbrahm
fein gehackte Kräuter,
z. B. Rosmarin und Thymian
Pfeffer aus der Mühle

1   Für die Gerstensuppe Speckwürfelchen im Öl andünsten, Rollgerste, Sellerie, Karotten und Lauch mitdünsten, Kartoffeln zufügen, mit der Gemüsebrühe ablöschen, etwa 45 Minuten köcheln lassen. Suppe mit Salz und Pfeffer abschmecken.

2   Für die Käseschnitten die Brotscheiben grosszügig mit Weisswein beträufeln. Sbrinz, Eigelb, Rahm und Kräuter mischen, mit Pfeffer abschmecken, Käsemasse auf den Brotscheiben verstreichen. Käseschnitten in der oberen Hälfte in dem auf 220 °C vorgeheizten Ofen 6 bis 8 Minuten backen, bis der Käse geschmolzen ist.

3   Heisse Gerstensuppe anrichten, mit Petersilie und Sbrinz bestreuen.

Variante Brotscheiben mit Speckscheiben belegen, Käsemasse darauf verstreichen.

Zwiebelsuppe mit Salbei

1–2 EL Olivenöl oder Butter
oder Haselnussöl
200 g Zwiebeln
½ EL Weissmehl
½ l Hühner- oder Gemüsebrühe
5 Salbeiblätter
unraffiniertes Meersalz
Pfeffer aus der Mühle
frisch geriebene Muskatnuss

2 Scheiben Brot
50 g geriebener Sbrinz

1   Zwiebeln in feine Ringe schneiden oder hobeln und im Öl andünsten, mit Mehl bestäuben und mit der Brühe ablöschen, 20 Minuten köcheln lassen, Salbeiblätter die letzten 5 Minuten mitkochen, würzen.

2   Brotscheiben mit Sbrinz bestreuen. Im vorgeheizten Backofen bei 220 °C etwa 8 Minuten rösten.

3   Suppe anrichten, Sbrinzbrot darauflegen.

Rote Linsensuppe mit Schnittlauch

60 g rote Linsen
1 kleine Zwiebel, klein gewürfelt
3 ½ dl Gemüsebrühe
Pfeffer aus der Mühle
1 EL Olivenöl
1 Bund Schnittlauch, fein geschnitten
40–50 g geriebener Sbrinz

Rote Linsen und Zwiebeln mit der Gemüsebrühe aufkochen, 15 Minuten köcheln lassen. Mit Pfeffer und Olivenöl abschmecken. Suppe anrichten, mit Schnittlauch und Sbrinz bestreuen.

Variante Gemüse- und Speckwürfelchen mitkochen.

Hauptgerichte

Kürbisknöpfli mit Schinken und Champignons

Kürbisknöpfli
(für 4 Personen)
250 g Dinkelweissmehl
1 kleiner Potimarron (mehliger Kürbis)
= 250 g trockenes Kürbispüree
3 Freilandeier
1 TL unraffiniertes Meersalz

Schinken-Champignons-Mix
(für 2 Personen)
Haselnussöl oder Olivenöl, zum Braten
50 g Schinkenwürfelchen
100 g Champignons, in Scheiben
reichlich geriebener Sbrinz

1 Kürbis schälen, halbieren und entkernen, Hälften in Stücke schneiden und im Dampf weich garen, noch warm pürieren. Ein Sieb mit einem Küchentuch auslegen, Püree hineingeben und über einer Schüssel einige Stunden abtropfen lassen (Flüssigkeit für eine Suppe/Sauce verwenden).

2 Alle Zutaten zu einem Teig rühren, 30 Minuten quellen lassen.

3 Teig portionsweise in das Knöpflisieb füllen, in reichlich kochendes Salzwasser streichen. Knöpfli aufsteigen lassen, mit einem Schaumlöffel herausnehmen und unter kaltem Wasser abschrecken.

4 Knöpfli, Schinken und Pilze im Öl braten, anrichten, grosszügig mit Sbrinz bestreuen.

Tipps Das Haselnussöl gibt den Knöpfli eine besondere Note. Verstärkt werden kann das Aroma zusätzlich mit ½ TL fein gehackten Rosmarinnadeln, die man zum Teig gibt.

Knöpfli für den Vorrat Eine grössere Menge Knöpfli zubereiten und tiefkühlen. Knöpfli gefroren in kochendes Salzwasser geben, aufsteigen lassen und abgiessen.

Haferflockenburger
mit Lauch →

50 g Quark

½ dl Milch

1 Freilandei

30 g geriebener Sbrinz

60 g Haferflocken

1 kleiner Lauch, in feinen Ringen

wenig Majoran u. Thymian, fein gehackt

1 EL Speckwürfelchen

Kräutermeersalz

Olivenöl oder Haselnussöl, zum Braten

1   Alle Zutaten mischen, 20 Minuten quellen lassen.

2   Haferflockenmasse mit einem Esslöffel portionieren, im Öl backen.

Tipp Je nach Saison mit fein geriebenem Kürbis oder fein geriebenen Zucchini zubereiten.

Maisklösschen mit Basilikum

für 4 Personen

½ l Gemüsebrühe

250 g feiner Maisgriess

1 Prise Muskatnuss

½ TL getrockneter Majoran

2 Freilandeier, verquirlt

80–100 g geriebener Sbrinz

Pfeffer aus der Mühle

geriebener Sbrinz

30 g Butter oder Olivenöl

fein geschnittenes Basilikum

1   Gemüsebrühe mit Maisgriess, Muskatnuss und Majoran aufkochen, bei schwacher Hitze 10 Minuten köcheln lassen, auf der ausgeschalteten Wärmequelle zugedeckt 10 Minuten quellen lassen. Verquirlte Eier und Sbrinz unterrühren, mit Pfeffer abschmecken.

2   Polenta mit Glacelöffel portionieren und formen. Portionsweise in reichlich Salzwasser garziehen lassen, bis die Klösschen aufsteigen. Mit dem Schaumlöffel herausnehmen und in eine mit Butter eingefettete Gratinform füllen, zugedeckt warm stellen. Zum Servieren mit Sbrinz bestreuen, Olivenöl darüberträufeln, Basilikum darüberstreuen.

Tipp Maisklösschen mit Salat und einer Ratatouille servieren.

Rindsfiletcarpaccio →

250 g Rindsfilet, gefroren,
in feinsten Scheiben (gefrorenes
Fondue-chinoise-Fleisch verwenden)
Pfeffer aus der Mühle
Fleur de Sel
½–1 Bio-Zitrone, Saft
2–4 EL Olivenöl, beste Qualität
wenig Basilikum, Blättchen abgezupft
und fein geschnitten
50 g gehobelter Sbrinz

Röllchen auf eine Platte legen, mit Pfeffer und Fleur de Sel würzen, mit Zitronensaft und Olivenöl beträufeln, mit Basilikum bestreuen, Sbrinz darauf verteilen.

Tipp Mit Baguette servieren.

Gratinierter Grünspargel

500 g Grünspargel
unraffiniertes Meersalz
Butter oder Olivenöl
frisches Bohnenkraut
60–100 g geriebener Sbrinz

1   Backofen auf 200 °C vorheizen.

2   Unteres Drittel beim Grünspargel schälen und frisch anschneiden.

3   Grünspargel auf ein mit Backpapier belegtes Blech legen, salzen, mit Butterstückchen belegen oder mit Olivenöl beträufeln, mit abgezupftem Bohnenkraut bestreuen.

4   Spargel in der Mitte in den Ofen schieben und bei 200 °C rund 12 Minuten backen, für die letzten Minuten mit dem Sbrinz bestreuen. Der Spargel soll noch leicht knackig (al dente) sein. Je nach Dicke muss der Spargel etwas länger gebacken werden. Warm servieren.

Lammkoteletts mit Haselnuss-Sbrinz-Kräuter-Kruste

Olivenöl oder Haselnussöl, zum Braten
8 Lammkoteletts mit Knochen
Kräutermeersalz
½–1 TL Senf

Kruste
3 EL geriebene Haselnüsse
3 EL geriebener Sbrinz
2 Salbeiblätter, fein geschnitten
wenig Rosmarinnadeln, gehackt
wenig Thymian, fein gehackt
wenig Knoblauch, klein gewürfelt
½ Bio-Zitrone,
wenig abgeriebene Schale
Pfeffer aus der Mühle
2–3 EL Olivenöl
evtl. 1 Eigelb

1 Lammkoteletts mit Kräutersalz und Senf einstreichen, im Olivenöl kurz beidseitig braten.

2 Backofen auf 240 °C vorheizen.

3 Für die Kruste sämtliche Zutaten mischen, eventuell mit Eigelb binden (geht auch ohne). Masse auf die Koteletts verteilen. Auf ein mit Backpapier belegtes Blech legen.

4 Lammkoteletts im vorgeheizten Ofen bei 240 °C überbacken, 3 bis 4 Minuten.

Tipp Mit Ofenkartoffeln und Salat servieren.

Varianten Nach gleichem Rezept können auch Hirsch- und Lammfilet zubereitet werden. Haselnüsse durch Baumnüsse ersetzen.

Gefüllte Rondini

2 Rondini
Gemüsebrühe

1   Rondini quer halbieren, aushöhlen, in wenig Gemüse-brühe 5 Minuten kochen, herausnehmen, abkühlen lassen.

Füllung
1 EL Olivenöl
1 Knoblauchzehe, klein gewürfelt
Rondinifleisch, gehackt
100 g Ricotta, evtl. aus Schafmilch
50 g geriebener Sbrinz
2 EL fein geschnittenes Basilikum oder
fein gehackter Thymian
1 EL geriebene Hasel- oder Baumnüsse
½ Bio-Zitrone, abgeriebene Schale
unraffiniertes Meersalz
Pfeffer aus der Mühle

2   Knoblauch und Rondinifleisch im Olivenöl 5 Minuten dünsten. Zutaten für die Füllung mischen, würzen. Rondini füllen.

3   Rondini in eine eingefettete Gratinform stellen. Im vorgeheizten Ofen bei 200 °C 15 Minuten backen, bis die Rondini eine schöne braune Kruste haben.

Tipp Die Rondini mit gebratenen Pilzen oder mit einem Salat servieren.

Gefüllte gratinierte Tomaten →

4 sonnengereifte Tomaten

1   Tomaten quer halbieren und entkernen.

Füllung
1 EL Olivenöl
1 Knoblauchzehe, fein gehackt
250 g Blattspinat
2 EL Ricotta oder zerdrückter Feta,
nach Belieben
80 g geriebener Sbrinz
Kräutermeersalz
Pfeffer aus der Mühle

2   Knoblauch im Olivenöl andünsten, Spinat kurz mit-dünsten, Ricotta und Sbrinz unterrühren, mit Kräutersalz und Pfeffer würzen, in die Tomaten füllen.

3   Gefüllte Tomaten im vorgeheizten Ofen bei 180 °C 15 bis 20 Minuten backen.

Tipp Die gefüllten Tomaten sind mit einem Salat und Brot eine leichte Sommermahlzeit.

Innerschweizer Älplerfondue

für 4 Personen

1 Knoblauchzehe
300 g geriebener Sbrinz
200 g Raclettekäse, geraffelt
300 g Gruyère oder Tilsiter, geraffelt
3 dl Weisswein
1 TL Zitronensaft
3 TL Maisstärke
1 Gläschen Kirsch
frisch geriebene Muskatnuss

Fondue-Caquelon mit der halbierten Knoblauchzehe aus-reiben. Käse, Weisswein, Zitronensaft und Maisstärke im Caquelon mischen, 30 Minuten marinieren. Käsemasse unter Rühren bei mittlerer Temperatur erhitzen und köcheln lassen, bis das Fondue bindet, zuletzt den Kirsch unterrühren, mit Muskatnuss abschmecken.

Älplermagronen

150 g gerillte Penne
150 g festkochende Kartoffeln, gewürfelt
70 g Speckwürfelchen
1 dl Rahm
Pfeffer aus der Mühle
frisch geriebene Muskatnuss
50 g geriebener Sbrinz

Butter
1 grosse Zwiebel, in feinen Ringen

1 Penne und Kartoffelwürfelchen im Salzwasser al dente kochen, abgiessen.

2 Speckwürfelchen in einer Pfanne anbraten, Rahm zugeben, mit Pfeffer und Muskatnuss würzen. Makkaroni-Kartoffel-Mix und Specksauce mischen, abwechslungs-weise mit dem Sbrinz in eine vorgewärmte Schüssel füllen. Warm stellen. Zwiebelringe in der Butter braten und darüberstreuen.

Zum Rezept Ein opulentes Mahl, das dem Kalorien-bedarf der Älpler entsprach. Nach einer Bergtour oder Schneeschuhtour ist es «verkraftbar». Köstlich ist es in jedem Fall.

Buchweizencrêpes mit Spinat

Crêpes (für 4 Personen)
3 Freilandeier
2 ½ dl Milch
90 g Buchweizenmehl
1 Prise Salz

Olivenöl, zum Backen

Spinat (für 2 Personen)
2 EL Olivenöl
600 g Blattspinat
2 Knoblauchzehen, klein gewürfelt
unraffiniertes Meersalz
frisch gemahlener Pfeffer
2 EL Rahm

1 dl Rahm
100 g Sbrinz

1 Crêpeteig zubereiten, zugedeckt 30 Minuten quellen lassen.

2 In einer Bratpfanne wenig Öl erhitzen, aus dem Buchweizenteig Crêpes ausbacken, zugedeckt auskühlen lassen.

3 Spinat und Knoblauch im Olivenöl andünsten, mit Salz und Pfeffer würzen und mit Rahm verfeinern.

4 Spinat auf die Crêpes verteilen, zweimal falten, in eine mit Butter eingefettete Gratinform legen, Rahm darübergiessen, mit Sbrinz bestreuen.

5 Buchweizencrêpes im vorgeheizten Ofen bei 220 °C 12 bis 15 Minuten überbacken.

Tipp Mit einem Salat kombinieren.

Für den Vorrat Überzählige Crêpes tiefkühlen.

Ravioli mit Ricotta-Sbrinz-Füllung

für 3 bis 4 Personen

Ravioliteig
200 g Hartweizendunst
200 g Dinkelweissmehl
1 EL Olivenöl
4 Freilandeier
1 TL unraffiniertes Meersalz

Füllung
350 g Ricotta
70 g fein geriebener Sbrinz
50 g Dörrtomaten, fein gehackt
1 Bund Basilikum
unraffiniertes Meersalz
Pfeffer aus der Mühle

Butter
1 Handvoll Salbeiblättchen,
in der Butter gebraten

1 Für den Ravioliteig Mehl, Olivenöl, Eier und Salz in der Küchenmaschine zu einem glatten, geschmeidigen Teig verarbeiten, bei Zimmertemperatur 30 Minuten zugedeckt ruhen lassen.

2 Für die Füllung Ricotta und Sbrinz glatt rühren. Dörrtomaten unterrühren. Basilikumblättchen abzupfen und fein schneiden, unterrühren, abschmecken mit Salz und Pfeffer.

3 Teig mit Nudelmaschine dünn ausrollen. Rondellen ausstechen. Auf die Hälfte der Rondellen einen gehäuften Teelöffel Füllung geben, eine zweite Rondelle darauflegen, Rand gut andrücken.

4 In einem grossen Kochtopf reichlich Salzwasser erhitzen, Ravioli portionsweise kochen. Sobald sie an die Oberfläche steigen, nach 3 bis 4 Minuten, mit dem Schaumlöffel herausnehmen und in einer vorgewärmten Schüssel mit wenig Butter mischen, zugedeckt warm stellen. Mit Salbeiblättchen garnieren.

Füllung Sie ist auch ein feiner Brotaufstrich.

Tagliatelle mit Cicorino rosso

200–250 g Nudeln

2–3 EL Olivenöl
1 kleine Zwiebel, klein gewürfelt
200 g Cicorino rosso oder Trevisano,
fein geschnitten
1 kleines Glas Rotwein
50 g Gorgonzola oder
Frischkäse natur
1 dl Rahm
60–80 g geriebener Sbrinz
unraffiniertes Meersalz
Pfeffer aus der Mühle

1   Zwiebeln im Olivenöl 5 Minuten dünsten, Cicorino rosso 3 Minuten mitdünsten, mit Rotwein ablöschen, weiterdünsten, bis die Flüssigkeit verdunstet, Gorgonzola und Rahm unterrühren, ein wenig einkochen lassen, Sbrinz unterrühren, mit Salz und Pfeffer abschmecken.

2   Tagliatelle in reichlich Salzwasser al dente kochen, abgiessen, mit der heissen Sauce mischen, sofort servieren.

Zum Rezept Ein Klassiker aus der italienischen Küche.

Tipp Wer den bitteren Geschmack des Cicorino rosso nicht mag, kann die Tagliatelle auch mit Wirz zubereiten und mit Weisswein ablöschen.

Mediterrane Pasta →

250 g frische Pasta nach Wahl

3–4 EL Olivenöl
1 kleiner Zucchino
½ Aubergine
12 Cherrytomaten
8–10 Basilikumblättchen, in Streifen
unraffiniertes Meersalz
Pfeffer aus der Mühle

80 g geriebener Sbrinz

1   Zucchino beidseitig kappen, in Scheiben schneiden. Aubergine ungeschält in Würfelchen schneiden. Cherrytomaten halbieren.

2   Zucchini und Auberginen im Öl weich dünsten, Cherrytomaten kurz mitdünsten, Basilikumstreifchen unterrühren, mit Salz und Pfeffer abschmecken.

3   Pasta in reichlich Salzwasser al dente kochen, abgiessen, sofort mit Sauce und Sbrinz mischen. Nach Belieben mit wenig Olivenöl abrunden.

Spaghetti mit rohem Tomatensugo

140–200 g Spaghetti
1–2 EL Olivenöl

Sugo (für 4 Portionen)
1 kg sonnengereifte fleischige Tomaten
5 EL Olivenöl
2 Knoblauchzehen, klein gewürfelt
reichlich Basilikum, fein geschnitten
2 EL Pinienkerne, gehackt
Meersalz, Pfeffer aus der Mühle

100 g geriebener Sbrinz

1   Tomaten an der Spitze kreuzweise einschneiden, in heisses Wasser tauchen, bis sich die Haut löst. Unter kaltem Wasser abschrecken. Tomaten schälen, halbieren und entkernen, zerkleinern. Olivenöl, Knoblauch, Basilikum und Pinienkerne unterrühren, mit Salz und Pfeffer würzen.

2   Spaghetti in viel Salzwasser al dente kochen, abgiessen, mit dem Öl mischen, anrichten. Sugo und Sbrinz separat servieren.

Tipps Ein feines Gericht für heisse Sommertage. Der Sugo kann auch zu frischem Brot gegessen werden, Brot mit gehobeltem Sbrinz bestreuen.

Flammkuchen

Teig
(für 2 Flammkuchen = für 4 Personen)
300 g Dinkelweissmehl
½ TL unraffiniertes Meersalz
½ Hefewürfel
1 ½ dl lauwarmes Wasser
½ EL Olivenöl

Belag
(für 1 Flammkuchen = für 2 Personen)
180 g Crème fraîche
50 g geriebener Sbrinz
2 grosse Knoblauchzehen,
in feinen Scheiben
8–10 Salbeiblätter, in Streifchen
50 g Speckwürfelchen
Pfeffer aus der Mühle
1–2 EL Olivenöl

1 Für den Teig Mehl und Salz in einer Teigschüssel mischen, eine Vertiefung drücken. Hefe und die Hälfte Wasser in die Vertiefung geben, so viel Mehl unterrühren, dass ein Teiglein entsteht, 15 Minuten ruhen lassen. Restliche Zutaten zugeben, das Ganze zu einem glatten, elastischen Teig kneten. Flammkuchenteig zugedeckt auf das doppelte Volumen aufgehen lassen.

2 Backofen auf 220 °C vorheizen.

3 Flammkuchenteig halbieren und auf bemehlter Arbeitsfläche sehr dünn ausrollen, auf ein mit Backpapier belegtes Blech legen. Mit Crème fraîche bestreichen, mit Sbrinz, Salbei, Knoblauch und Speck bestreuen, mit Pfeffer würzen, Olivenöl darüberträufeln.

4 Flammkuchen auf der untersten Schiene in den Ofen schieben und bei 220 °C rund 15 Minuten backen.

Tipps Der Flammkuchenteig kann tiefgekühlt werden. Eventuell ausgerollten Pizzateig verwenden.

Variante 50 g fein geschnittenen grünen Lauch oder fein gehobelte Zucchini auf den Käse streuen.

Polentamuffins

für 12 Muffins

1 EL Olivenöl
1 Zwiebel, klein gewürfelt
200 g Dinkelruchmehl
180 g 2-Minuten-Polenta-Mais
2 TL phosphatfreies Backpulver
½ TL unraffiniertes Meersalz
2 Freilandeier
½ dl Olivenöl
180 g Crème fraîche
2 dl Milch
1 Bund Basilikum, Blättchen abgezupft
und fein geschnitten
80 g geriebener Sbrinz

Garnitur
junger Spinat oder Blattsalat
weisser Balsamico
oder frischer Zitronensaft
Olivenöl
unraffiniertes Meersalz
gehobelter Sbrinz
geröstete Pinienkerne

1   Zwiebeln im Öl andünsten, auskühlen lassen.

2   Alle Zutaten für die Muffins mischen. Der Teig muss dünnflüssig sein, weil der Mais quillt. Teig 15 Minuten ruhen lassen.

3   Backofen auf 200 °C vorheizen.

4   Muffinförmchen mit Butter einfetten. Maismasse einfüllen.

5   Muffins in der Mitte in den Ofen schieben und bei 200 °C 25 bis 30 Minuten backen. Nadelprobe machen.

6   Für die Garnitur aus Balsamico, Olivenöl und Salz eine Sauce zubereiten, mit dem Spinat mischen, anrichten, Muffin daraufstürzen. Salat mit Sbrinz und Pinienkernen garnieren.

Tipps Die Maismuffins passen zu Salat und Grilladen. Die Muffins können auch gefüllt werden: Am nächsten Tag halbieren, mit Frischkäse bestreichen und im Ofen bei 200 °C erwärmen, mit Rucola garnieren. Mit eingelegten Oliven, Peperoni usw. servieren.

Vorratshaltung Die Muffins können tiefgekühlt werden.

Zwiebel-Apfel-Wähe mit Kräutern

für 4 Personen

1 ausgerollter runder Bio-Blätterteig

Belag
2 EL Haselnussöl oder Olivenöl
300 g weisse oder rote Zwiebeln
150 g kleine Äpfel mit Schale

Guss
5 Freilandeier
2 dl Rahm
100 g geriebener Sbrinz
50 g Roquefort oder Gruyère,
nach Belieben
1 Rosmarinzweiglein,
Nadeln abgestreift und fein gehackt
1 Thymianzweiglein,
Blättchen abgezupft
Pfeffer aus der Mühle
Kräutermeersalz

1 Zwiebeln schälen, in feine Streifen schneiden/hobeln. Äpfel halbieren und entkernen, fein hobeln. Zwiebeln und Äpfel im Öl einige Minuten dünsten. Auskühlen lassen.

2 Ofen auf 220 °C vorheizen.

3 Blätterteig in die Form legen, mit einer Gabel ein paarmal einstechen. Zwiebel-Apfel-Mix auf dem Teigboden verteilen. Guss darübergiessen.

4 Wähe auf der zweituntersten Schiene in den Ofen schieben und bei 220 °C rund 35 Minuten backen. Lauwarm servieren.

Tipp Mit einem gemischten Blattsalat servieren.

Zum Rezept Die Wähe ist bei meinen Kindern und ihren Freunden heiss begehrt.

Rigatoni mit Speck-Sbrinz-Sauce

200 g Rigatoni

Sauce
1 dl Rahm
50 g Speck- oder
Schinkenwürfelchen
½ dl Tomatensaft
1 Bund Basilikum,
Blättchen abgezupft und
fein geschnitten
80–100 g geriebener Sbrinz
Olivenöl, zum Beträufeln

1 Rigatoni in reichlich Salzwasser al dente kochen, abgiessen.

2 Für die Sauce, Rahm, Speckwürfelchen und Tomatensaft aufkochen, kurz köcheln lassen, Basilikum und Sbrinz zugeben, mit den Rigatoni mischen, anrichten, mit Olivenöl beträufeln.

Zum Rezept Die Rigatoni zählen zu den Lieblingsgerichten meiner Kinder.

Pesto Sbrinzesso

50 g geriebener Sbrinz
1 Bund Basilikum, evtl. gemischt mit
glattblättriger Petersilie
2 EL Pinienkerne oder
einige Baumnüsse
1–2 Knoblauchzehen, je nach Grösse
1 dl Olivenöl, evtl. gemischt mit
Baumnussöl

Alle Zutaten zu einer Paste mixen/cuttern.

Tipp Passt zu Pasta, Kartoffeln und Trockenreis.

Pizza Pugliese

für eine grosse, rechteckige Pizza

200 g Dinkelweissmehl
½ TL unraffiniertes Meersalz
10 g Hefe
1 dl lauwarmes Wasser
2 EL Olivenöl

Belag
200–250 g rote Zwiebeln
100 g geriebener Sbrinz
Pfeffer aus der Mühle
wenig unraffiniertes Meersalz
4 EL Olivenöl

1 Für den Pizzateig Mehl und Salz in einer Teigschüssel mischen, eine Vertiefung drücken. Hefe und die Hälfte Wasser in die Vertiefung geben, so viel Mehl unterrühren, dass ein Teiglein entsteht, 15 Minuten ruhen lassen. Restliche Zutaten zugeben, das Ganze zu einem glatten, elastischen Teig kneten. Pizzateig zugedeckt auf das doppelte Volumen aufgehen lassen.

2 Backofen auf 220 °C vorheizen.

3 Pizzateig rechteckig ausrollen, in das eingefettete Blech legen. Zwiebeln schälen und in sehr feine Scheiben schneiden / hobeln, auf den Teigboden verteilen, mit Sbrinz bestreuen, mit Salz, Pfeffer und Olivenöl würzen.

4 Pizza in der Mitte in den Ofen schieben und bei 220 °C 15 bis 18 Minuten backen.

Wichtig Backvorgang überwachen, damit der Sbrinz nicht verbrennt.

Zucchini-Risotto

1 EL Olivenöl oder 20 g Butter
130 g Risottoreis
1 kleine Zwiebel, klein gewürfelt
1 dl Weisswein
6 dl heisse Gemüse- oder Hühnerbrühe
100 g Zucchini, fein gerieben
50 g geriebener Sbrinz
Pfeffer aus der Mühle
10 Basilikumblättchen, fein geschnitten
Zitronenöl oder wenig Butter

Zwiebeln im Öl andünsten, Reis zugeben und glasig werden lassen, mit Weisswein ablöschen, nach und nach heisse Gemüsebrühe zugeben. Häufig rühren, das ist das Geheimnis für einen sämigen Risotto. Nach rund 20 Minuten Zucchini auf der Bircherraffel dazureiben, kurz köcheln lassen. Zucchini-Risotto mit Sbrinz, Pfeffer, Basilikum und ein wenig Zitronenöl abschmecken.

Tipp Wenn die Zucchini am Schluss zugegeben werden, bleibt die frische gelbgrüne Farbe erhalten. Je jünger die Zucchini, desto feiner der Risotto.

Variante Zucchini durch Kürbis (Butternut) ersetzen, diesen 10 Minuten mitkochen.

Gefülltes Pouletbrüstchen mit Orangen-Chili-Sauce

Olivenöl, zum Braten
2 kleine Pouletbrüstchen

Füllung
1 EL Paniermehl
2 EL geriebener Sbrinz
2 EL fein gehackte Kräuter,
wie Petersilie, Thymian, Rosmarin,
Majoran, je nach Saison und Garten
wenig abgeriebene Orangenschale
2 EL Olivenöl
unraffiniertes Meersalz
Pfeffer aus der Mühle

2 Salbeiblätter
Zahnstocher

Orangen-Chili-Sauce
½ dl Rahm oder Halbrahm
wenig abgeriebene Orangenschale
¼ rote Chilischote, entkernt und klein
gewürfelt (Brunoise)
Pfeffer aus der Mühle
1 Bio-Orange
1 TL Maisstärke
unraffiniertes Meersalz

1   Füllung zubereiten, mit Salz und Pfeffer abschmecken. Pouletbrüstchen in Längsrichtung mit einem scharfen Messer einschneiden, aber nicht durchschneiden. Mit der Sbrinzmasse füllen. Taschen mit Zahnstocher und Salbeiblatt fixieren. Im Olivenöl auf beiden Seiten anbraten. Im vorgeheizten Ofen bei 220 °C rund 8 Minuten fertig garen.

2   Für die Sauce Rahm, Orangenschale und Chili aufkochen. Orange grosszügig schälen (auch weisse Haut entfernen), Fruchtfilets über einem Schüsselchen aus den Trennhäutchen schneiden und entkernen. Haut auspressen und Orangensaft mit Maisstärke unter den Rahm rühren, mit Pfeffer und Salz würzen. Orangenstückchen zugeben, erhitzen.

3   Pouletbrüstchen aufschneiden und anrichten, mit der Sauce umgiessen.

Variante Chili in der Sauce durch Ingwer ersetzen.

Zwiebeln alla piemontese

4 grosse Zwiebeln (Gemüsezwiebeln)

Füllung
1–2 EL Olivenöl
100 g gehacktes Rindfleisch oder
gemischtes Hackfleisch
1 TL Tomatenpüree
getrockneter Majoran oder
Provencekräuter
unraffiniertes Meersalz
Pfeffer aus der Mühle

Weisswein

Panade
50 g geriebener Sbrinz
2 EL Paniermehl
1 Freilandei
evtl. wenig abgeriebene Zitronenschale
fein gehackter Majoran
2 EL Olivenöl

1   Zwiebeln schälen und in wenig Salzwasser etwa 15 Minuten kochen, herausnehmen. Zwiebeln mit einem spitzen Messer vorsichtig leicht aushöhlen.

2   Für die Füllung das Hackfleisch in wenig Olivenöl anbraten, Tomatenmark unterrühren, mit getrocknetem Majoran, Salz und Pfeffer würzen, kurz braten.

3   Hackfleisch in die Zwiebeln füllen. Zwiebeln in eine eingefettete Gratinform stellen, mit Weisswein beträufeln. Mit Alufolie zudecken. Im vorgeheizten Ofen bei 190 bis 200 °C 45 Minuten backen. Panade über die Zwiebeln verteilen, 10 Minuten gratinieren.

Tipp Mit Kartoffelstock und Salat servieren.

Variante Nach gleichem Rezept Zucchini und Peperoni zubereiten. In beiden Fällen braucht es die doppelte Menge Füllung.

Schwarzer Polentagratin mit Birnen

125 g schwarze Polenta
5–6 dl Gemüsebrühe
1 grosse Birne
1 EL gezupfte Thymianblättchen
evtl. 2 Salbeiblättchen, fein geschnitten
60 g geriebener Sbrinz
4 EL Rahm oder Halbrahm
Pfeffer aus der Mühle

1   Polentagriess mit der Gemüsebrühe unter Rühren aufkochen, auf der ausgeschalteten Wärmequelle zugedeckt 45 Minuten quellen lassen.

2   Birne schälen, vierteln und entkernen, Viertel in Spalten schneiden, in wenig Wasser blanchieren.

3   Backofen auf 220 °C vorheizen.

4   Polenta in eine mit Butter eingefettete kleine Gratinform verteilen. Birnen darauflegen, Kräuter darüberstreuen. Sbrinz mit dem Rahm verrühren (ohne Rahm wird das Gratin zu trocken), über den Birnen zerbröckeln, mit Pfeffer abrunden.

5   Polenta in der Mitte in den Ofen schieben und bei 220 °C 15 bis 20 Minuten überbacken.

Polentagriess Man kann auch normalen oder roten Polentagriess nehmen. Der Spezialmais ist bei den Terreni alla Maggia und in der Migros Ticino erhältlich.

Mediterrane Zucchiniquiche mit Oliven und Rosmarin

für 4 Personen

1 runder Blätterteig

200 g Sauerrahm
3 Freilandeier
100 g geriebener Sbrinz
unraffiniertes Meersalz
Pfeffer aus der Mühle
500 g Zucchini
50 g schwarze Oliven
2 Knoblauchzehen, durchgepresst
1 kleine Zwiebel, klein gewürfelt
2 Rosmarinzweiglein,
Nadeln abgestreift und gehackt

1   Blätterteig in die Form legen und mit der Gabel einige Male einstechen.

2   Backofen auf 200 °C vorheizen.

3   Sauerrahm und Eier verquirlen, Sbrinz unterrühren, würzen. Zucchini beidseitig kappen und auf der Rösti-raffel dazureiben, restliche Zutaten zugeben, gut mischen. Füllung auf den Teigboden verteilen.

4   Zucchiniquiche auf der zweituntersten Schiene in den Ofen schieben, bei 200 °C 25 bis 30 Minuten backen.

Kartoffelbratlinge mit Brennnesseln

400 g festkochende Kartoffeln
120 g junge Brennnesseln oder junger Giersch (Baumtropfen oder Spinat), fein gehackt
3 Freilandeier
50 g geriebener Sbrinz
unraffiniertes Meersalz
Pfeffer aus der Mühle

Olivenöl, zum Braten

1 Kartoffeln in der Schale weich kochen. Abkühlen lassen. Kartoffeln schälen und mit dem Kartoffelstampfer oder einer Gabel zerdrücken. Brennnesseln oder Giersch waschen und die Stiele abzupfen, Blätter kurz blanchieren und fein hacken.

2 Zerdrückte Kartoffeln mit Eiern, Sbrinz und Kräutern mischen, würzen.

3 In einer Bratpfanne wenig Öl erhitzen, Kartoffelmasse mit dem Esslöffel portionieren und die Bratlinge in die Pfanne setzen und beidseitig braten.

Tipp Dazu passt ein Quarkdip, pikant gewürzt mit fein geriebenem Meerrettich oder mild mit fein geschnittenem Schnittlauch.

Register

Anmerkung

Wo nicht anders vermerkt, ist das Rezept für 2 Personen berechnet. Für 4 Personen wurde ein Rezept berechnet, wenn die Zubereitung einfacher ist.

In Rezepten, in denen das Öl erhitzt wird, kann anstelle des Olivenöls auch Bratbutter oder High-Oleic-Rapsöl oder High-Oleic-Sonnenblumenöl verwendet werden. Ich bin ein grosser Fan von echtem authentischem Olivenöl und verheirate es gerne mit dem Sbrinz, nach dem Motto «ein echter Urschweizer trifft einen echten Italiener». Bei beiden muss für Genuss pur die Qualität stimmen. Olivenöl bedeutet immer extra vergine der besten Qualität.

In einigen Rezepten habe ich Haselnussöl verwendet. Es kann wie Olivenöl stark erhitzt werden und gibt dem Bratgut einen feinen Haselnussgeschmack (harmoniert mit Fleisch und Gemüse).

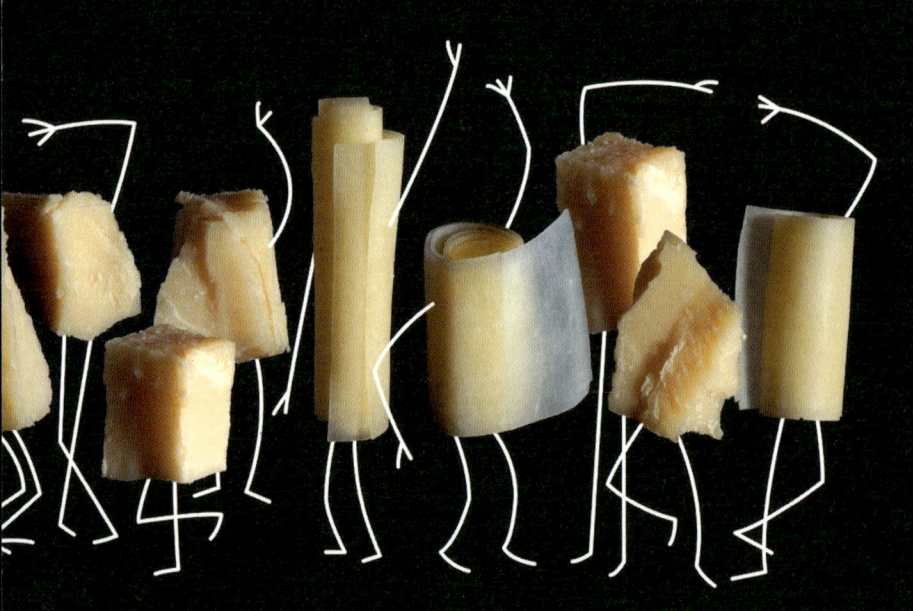